AF509237

HENRY LE GRAND

AV ROY.

POËME.

Par Monsieur de Lanagne

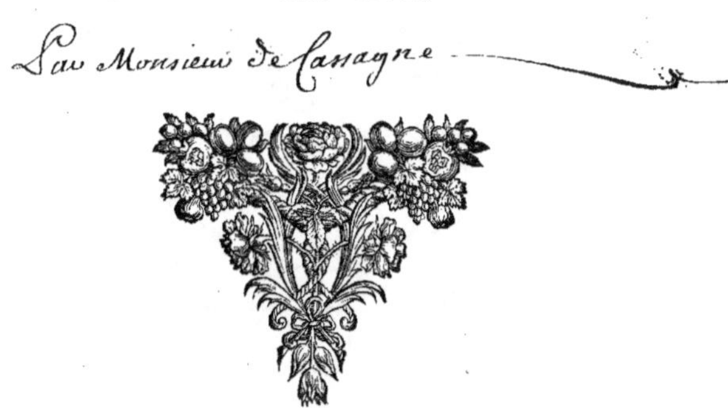

A PARIS,

De l'Imprimerie d'Antoine Vitré.

M. DC. LXI.

HENRY LE GRAND
AV ROY.
POËME.

MONARQVE, *dont le cœur à ses deuoirs fidelle*
Veut parmi tant de Rois me choisir pour modéle,
Ie reconnois mon sang qui t'enflâme le sein,
Et ne m'oppose point à ton noble dessein.
Lors qu'apres cent combats ie posseday la France,
Et par droit de conqueste & par droit de naissance,
Le Monde vit briller dans mes illustres Faits
La Valeur, la Bonté, la Victoire, & la Paix.

    Mais pourquoy rapporter mes grandes auantures,
Dont cent diuers pinceaux ont tracé des peintures?
Voy souuent le Portrait de mes iours glorieux,
Qu'vn illustre Prelat vient d'offrir à tes yeux.

A ij

Dans son cours éclatant, cette immortelle Histoire
Découure à ta vertu le chemin de la gloire;
Et pleine de beautez paroist dans l'Vniuers
Vn chefdœuure formé de chefdœuures diuers.
C'est par son art charmant, que la France rauie
Est apres mon trespas le témoin de ma vie,
Et que de mes trauaux l'eternel souuenir
Doit rendre le passé present à l'auenir.

Si tu veux, ô mon Fils, que ton Regne admirable
En imitant le mien deuienne inimitable,
Il faut borner tes vœux à de nobles objets,
Mettre tes passions au rang de tes Sujets,
Conseruer en tous lieux ta dignité supréme,
Regner dans ton empire & regner dans toy-mesme.

Que iamais à ton rang ton cœur injurieux
Ne quitte le pouuoir qu'il a receu des Cieux;
Que pour trop éleuer ceux qui te sauront plaire
Ton bras ne face rien qu'il ne puisse défaire;
Et que tout obeïsse à ton autorité
Par amour, par deuoir, & par necessité.

Assez & trop de loix de tout temps ordonnées
Pourroient du monde entier regler les destinées,
Si, pour en maintenir la premiere vigueur,
On adjoustoit la force à leur juste rigueur.

Arbitre

Arbitre souuerain de ces Loix solemnelles
Fay redouter leur foudre aux testes criminelles,
Venge de toutes parts leurs honneurs prophanez,
Et condamne tous ceux qu'elles ont condamnez.

Sois aux Méchans seuere, & sois aux Bons propice;
Rens heureux le Merite, & malheureux le Vice;
Et tiens le fort injuste à tes pieds abbatu,
Pour vnir la Fortune aueque la Vertu.

Prepare aux affligez d'infaillibles refuges,
Connoy les Iugemens aussi-bien que les Iuges,
Et pour voir prosperer tes estats affermis,
Sers de fidelle guide à l'aueugle Themis.

Maistre de tous les dons, & de toutes les graces,
Des veritables Roys suy les royales traces,
Et des effets diuers d'vn pouuoir si charmant
Sois & l'vnique auteur, & l'vnique instrument.
Pour attirer les cœurs sous ton obeïssance,
Par les justes liens de la reconnoissance,
Partage tous les prix dans le champ de l'honneur,
Fay que tous les heureux te doiuent leur bonheur,
Qu'on n'ait jamais sans Toy l'euenement prospere
Et de ce qu'on desire, & de ce qu'on espere,
Et qu'enfin les bienfaits qu'attendent les humains
Soient reiglez par ta voix, & donnez par tes mains.

Il faut que de ces dons la source pleine & grande
En paisibles ruisseaux doucement se respande,
Soit vtile à plusieurs, soit agreable à tous,
Et face des contens sans faire des jaloux.

Par vne genereuse & prudente coustume
Du Refus affligeant adoucis l'amertume.
Lors que de tes Sujets les desirs superflus
D'vn bienfait demandé se trouueront exclus,
Si ta juste bonté sagement les console
Du moins par vn regard, ou par vne parole,
Leurs cœurs dans leur disgrace amoureux de ta loy
Se plaindront du Destin, sans se plaindre de Toy.

Prens garde que toûiours ton ame se modere,
Comme vn monstre farouche enchaisne la Colere,
Dont les tristes effets produisent des remords,
Qui font auant la mort endurer mille morts.
Quand d'vn Prince irrité la vengeance allumée
A rempli sa raison de flamme & de fumée,
On voit que son transport degenere en fureur,
Que par tout il respand l'épouuante & l'horreur,
Et d'vne aueugle main s'immolant des victimes
Au lieu de grands exploits ne fait que de grands crimes.

Lorsque ta vigilance & ta seuerité
Auront de tes Estats banni l'impunité,

AV ROY. 7

Fay gouſter aux François ta douceur fauorable,
Sois juſte, ſois conſtant, ſans eſtre inexorable;
Les cœurs à la bonté ſe laiſſent tous charmer;
Apres qu'on s'eſt fait craindre il faut ſe faire aimer.

    Reiglé par la Raiſon, conduit par la Sageſſe
Des credules eſprits éuite la foibleſſe,
De leurs vains jugemens redoute le danger,
Et te juge Toy-meſme auant que de juger.

    Qu'en vn iuſte milieu ta prudence arreſtée
Ne ſoit pas ou trop lente, ou trop precipitée;
Conſulte aueque ſoin pour bien executer,
Mais en executant ceſſe de conſulter.

    Crains ces laſches eſprits, dont les diſcours infames
D'vn venin agreable empoiſonnent les ames,
Qui dans les noirs détours de l'infidelité
Aux yeux les plus perçans cachent la Verité,
Qui par leur mercenaire & vile complaiſance
Gaignent de tant d'humains l'oreille & la creance,
Qui du Bien & du Mal font des portraits menteurs,
Et ſont aſſez connus ſous le nom de Flatteurs.
Artiſans du Menſonge, & conſeillers du Vice,
Ils ont de mille Roys creuſé le precipice,
Et les ont fait tomber, par vn aueugle orgueil,
De la gloire à la honte, & du throſne au cercueil.

Pour éuiter leur piege aux Monarques funeſte,
Punis leur laſcheté d'vn mépris manifeſte,
Redoute les appas dont ils charment les ſens,
Rebute leur conſeil , reiette leur encens ,
Et, puis qu'ils ne ſont point ce qu'ils veulent paroiſtre,
Connoy-les vne fois , pour ne les plus connoiſtre.
Soûmis par intereſt pluſtoſt que par deuoir,
Sans aimer le Merite , ils aiment le Pouuoir.
Ils ſauent l'art de plaire , ils ſauent l'art de nuire,
Ils égarent toûiours ceux qu'ils veulent conduire,
De la Fortune aueugle ils ſuiuent les torrens,
Par l'eſclauage meſme ils ſe rendent tyrans,
Sous l'attrait d'vn eloge ils couurent vne iniure,
Ils font mille ſermens d'vne langue pariure ,
Et comme leur baſſeſſe aſpire à la grandeur,
Ils ont beaucoup de crainte , & n'ont point de pudeur.

*   Ne permets pas , mon Fils , que ta raiſon ſuprême*
Suiue la Nouueauté , pour la nouueauté meſme ;
Blaſme ces Potentats de qui le iugement
Se declare ſans ceſſe ami du changement ,
A qui rien ne déplaiſt , ou que rien ne contente,
Qui font de leur conſeil vne ſcene inconſtante,
Semblable à ces deſers pleins de ſables mouuans,
Ordinaires ioüets de l'empire des vents.

Songe

Songe que sur la mer les pilotes habiles
Donnent à leurs vaisseaux des anchres immobiles.
Pourueu de Conseillers si dignes de ton choix
Regne sur eux dans l'art qui fait regner les Roys,
Soûmets leurs sentimens à ton intelligence,
Voy d'vn œil vigilant quelle est leur vigilance,
Et tant qu'auec leurs soins, par de justes accords,
Ta main de ton estat fera mouuoir le corps,
Sans relascher ton ame aux amitiez nouuelles,
Sois leur aussi constant qu'ils te seront fidelles.

Pour conseruer long-temps & le sceptre & le jour
Conserue pour ta MERE vne immortelle amour ;
Par tes justes deuoirs bannis de ses pensées
Le triste souuenir de ses peines passées ;
Consulte son esprit, & reuere sa voix,
Et pese meurement les biens que Tu luy dois.
Tu dois à ses soûpirs ton heureuse naissance,
Tu dois à ses trauaux ta paisible puissance,
Tu dois à ses desirs ton hymen glorieux,
Tu dois à ses vertus ce que Tu dois aux cieux.

Ton FRERE possesseur d'vne Epouse diuine
Qui mesme de mon sang tire son origine,
Eprouue vn sort heureux en viuant sous ta loy,
Et dans tout l'Vniuers il ne cede qu'à Toy.

Ie connois que son ame auec la tienne vnie
De l'ardente Amitié suit l'aimable genie.
Maintiens l'eclat auguste où son destin l'a mis,
Et mon Fils souuiens-Toy qu'il est aussi mon Fils.

Enfin que les excès de rigueur, ou de grace,
Dans ton prudent esprit ne trouuent point de place;
Que les Grands de ta Cour, les Princes de ton Sang
Soustiennent leur naissance, & remplissent leur rang.
Prens la seule Equité pour reigle de ta vie;
N'emeus point la Pitié, n'excite point l'Enuie;
Conserue à tes sujets leurs titres & leurs droits,
Et te rens le plus juste & le plus grand des Rois.

Sans aimer les appas des flateuses Sirenes,
Qui sur les Souuerains se rendent souueraines,
Raui de ton hymen si pompeux & si doux,
Sois l'amant de THERESE aussi bien que l'époux.
C'est en Elle qu'on voit les Graces reünies
Par vn nombre infini de beautez infinies;
Et c'est pour te charmer, qu'elle porte en tous lieux
La Vertu dans son ame, & l'Amour dans ses yeux.
O Roy le plus heureux que le Ciel ait fait naistre!
Voy que de son Chefdœuure il t'a rendu le maistre,
Et pendant que ton sort de toutes parts vainqueur,
Fauorable à tes sens, & digne de ton cœur,

Te donne vne Merueille en merueilles feconde,
Dans ta felicité fonge à celle du Monde.

 Mais ie connois affez ton efprit genereux,
Tu veux ne commander qu'à des peuples heureux,
Tu veux de ton Eftat foulager la fouffrance,
Confacrer ton repos au repos de la France,
Et traiter les humains à ta garde commis
Ou comme tes enfans , ou comme tes amis.

 Ainfi de tes beaux faits la fplendeur confommée
V a dans tout l'Vniuers charmer la Renommée.
Par mille & mille vœux le Ciel follicité
Se rendra le tuteur de ta felicité.
Ton trofne deuiendra le trofne de la Gloire;
Tu choiziras ton rang au temple de memoire,
Et jouiffant du prix par tes actes gaigné
Tu regneras encore apres auoir regné.

 Defia tes juftes foins & tes puiffans aufpices
Font de mon regne heureux renaiftre les delices;
Et ceux de tes fujets qui viuoient fous mes loix
Goufteront ces plaifirs vne feconde fois.
De ce fiecle inégal les premieres années
Se prefentent aux yeux des fages Deftinées,
Qui veulent que fon cours n'ait plus de changement,
Et que fa fin réponde à fon commencement.

Le Plaifir, la Vertu, le Repos, l'Induſtrie
Se remettent enſemble au ſein de ma Patrie,
Qui gouſte maintenant, par tes illuſtres Faits,
L'honneur de la Victoire, & le fruit de la Paix.
Elle ſera bien-toſt de mille attraits pourueuë,
Et ie vais la reuoir telle que ie l'ay veuë.

Auance les beaux jours, où ce bonheur parfait
Doit eſtre de tes mains l'ouurage & le bienfait ;
Monſtre vn cœur ſecourable aux miſeres communes,
Des François épuizez repare les fortunes,
Pour épargner leur ſang épargne leur threſor,
Et d'vn Age de fer fay naiſtre vn Age d'or.

Lors que par tes faueurs ta royale Prudence
Aura du champ des Lys cultiué l'abondance,
Et que dans le repos ton peuple reſtably
Laiſſera la triſteſſe au fleuue de l'oubly,
Prens garde, qu'en ces jours ſi brillans & ſi calmes,
Tes ſujets endormis à l'ombre de tes palmes
Ne paſſent du loiſir juſqu'à l'oiſiueté,
Et ne ſoient dans le port ſans eſtre en ſeureté.
Souuent la Paix, mon Fils, eſt nuiſible à la Terre,
La Paix a ſes perils auſſi bien que la Guerre,
Et les effets mortels de ſes maux inteſtins
Du plus grand des eſtats changerent les deſtins.

Quand

Quand des Peuples du Nord les troupes vagabondes
Loin de leurs noirs climats cherchoient de nouueaux mondes,
Le Tybre assujetti par leurs barbares mains
Les vit maistres de Rome, & vainqueurs des Romains;
Romains, qui tout remplis d'vne langueur seruile,
Impuissans defenseurs de leur puissante Ville,
Par leur illustre Nom vainement excitez,
Laisserent mettre aux fers la Reyne des Citez;
Tant le Luxe fertile en voluptez infames,
Et corrupteur des corps aussi-bien que des ames,
Auoit terni l'eclat de leur sort glorieux,
Et rendu les enfans indignes des ayeux.

Prince, à l'honneur du Siecle, à l'honneur de la France,
De tes fameux Sujets entretiens la vaillance;
Fay que leurs nobles cœurs soustenus par tes loix
Ne degenerent point des Francs & des Gaulois,
Et puissent en tout temps composer vne armée
Digne de ton empire & de ta renommée,
Propre pour attaquer, propre pour secourir,
Capable de tout vaincre, & de tout conquerir.

Ne veux Tu point, LOVIS, que le vaste Neptune,
Heraut de ta Grandeur, vassal de ta Fortune,
Sur les champs spacieux des flots assujettis
Te face triompher dans le char de Thetis?

D

Equippe des vaiſſeaux　d'eternelle durée,
Et choiſis des guerriers　fauoris de Nerée,
Qui ſous l'autorité　de ton Nom ſans pareil
Faiſant le tour du monde　ainſi que le Soleil,
Verront trembler par tout,　au bruit de leurs tonnerres,
Et les eaux, & les airs, & les cieux, & les terres,
Et viendront triomphans　deſcharger dans tes ports
Des plus riches climats　les plus rares threſors.

Quand ton Eſtat conduit　par cette vigilance
Tiendra l'Europe en crainte, & le Monde en balance,
Si de noußeaux Titans,　pour imiter les vieux,
Oppoſent à ton bras　leurs bras audacieux,
Ces mortels inſpirez　par leur mauuais Genie,
Malgré le vain eſpoir　d'vne folle manie
Trouueront pour tout prix　de leur aueugle effort
La honte de la fuitte,　ou l'horreur de la mort.

Ce n'eſt pas que ie veüille, ô Prince magnanime,
Qu'en faueur du Courage　on permette le Crime,
Et qu'on ſouffre ces cœurs　brutalement cruels
Dont l'indigne courroux　s'abandonne aux Duels.
Que de tous ces combats　les Acteurs ſanguinaires
Soient toûjours eſtimez　laſches & temeraires,
Et s'ils ozent jamais　par leurs fiers attentats
Troubler malgré tes loix　la paix de tes Eſtats,

Opposé à leurs transports d'impenetrables digues,
Et leur oste ce sang dont ils font les prodigues.

   Ie ne veux point aussi pour honorer ton cœur
Du nom de Conquerant ou du nom de Vainqueur,
T'inspirer aujourdhuy ces guerres tyranniques,
Dont les pretextes vains   & les fureurs publiques
Blessent les plus saints droits , & trouuant tout permis
Confondent les amis auec les ennemis.
Loin de tes Alliez, écarte les allarmes,
Toûjours de la Iustice accompagne tes armes,
Et defens à ton ame insensible aux hazars
D'abandonner Themis pour fauoriser Mars.

   Que si trop enflammé par ton ardeur guerriere
Tu brusles de fournir vne illustre carriere,
Va, suy tes beaux transports, puisque l'Aigle aujourdhuy
Voit que les Ottomans veulent fondre sur luy ;
Prepare en sa faueur   les secours necessaires
Contre l'horrible amas des cruels Ianissaires,
Qui semblent embrasser dans leur projet hardi
L'Orient, l'Occident, le Nort, & le Midi.
Quoy qu'on puisse penser, & quoy qu'on puisse feindre,
Ou pour les craindre trop , ou pour ne les pas craindre,
Il faut enfin borner tant de progrès diuers,
Dont l'immense grandeur menace l'Vniuers.

Attend-t-on que leurs camps à troupes innombrables
S'aillent offrir aux yeux des Villes miserables,
Leur presentent des fers, & pour les en charger
Imitent les Baſſas de Tunis & d'Alger?
Attend-t-on qu'emportez d'vne rapide courſe
De leur fameux Danube ils penetrent la ſource,
Qu'ils mettent ſous leur joug le Po, l'Hebre & le Rhein,
Et qu'enfin leur Croiſſant ayt acheué ſon plein?
Monſtre par ton exemple à preuenir l'orage,
Des Princes tes voiſins excite le courage;
Si les Chreſtiens ceſſoient de viure deſunis
Tous ces grands criminels ſeroient bientoſt punis.
Va porter dans leur ſein les foudres de la guerre,
Fay trembler des tyrans qui font trembler la Terre,
En ta Perſonne auguſte excite le deſtin
Et du grand Theodoſe & du grand Conſtantin,
Oppoſe aux Nations l'Etendard de l'Egliſe,
De nos juſtes Ayeux acheue l'entrepriſe,
Et ſeruant à la Foy d'inuincible ſouſtien
Mets le Monde Ottoman dans le Monde Chreſtien.

Plaiſe au Seigneur des Rois qui fait leurs deſtinées
Que ces nobles ſuccès honorent tes années,
Ou, ſi l'Empire Grec doit gemir plus longtemps
Sous l'injuſte pouuoir des prophanes Sultans,

Face

Face du moins le Ciel qu'vn DAVPHIN qui va naiſtre
En ſoit le Protecteur auſſi-bien que le Maiſtre,
Qu'il rameine l'Aſie à ſes felicitez,
Qu'il remette en honneur les royales Citez,
Qu'apres auoir ſoûmis à ſa vaſte puiſſance
Memphis, Ieruſalem, Babylone, Bizance,
Tous les Roys eſtonnez de ſes nombreux aſſauts
Pour éuiter ſes fers ſe rendent ſes vaſſaux,
Et qu'enfin ſa Fortune en victoires feconde
Egale ſon Empire à l'empire du Monde.

Ha Prince glorieux, que d'honneurs triomphans
Orneront tes exploits & ceux de tes Enfans!
Mes deſirs confirmez par les diuins ſuffrages
Sont de tant de grandeurs les viſibles preſages;
Le Ciel à mon eſpoir ſe rendra complaiſant,
Et ce bonheur futur m'eſt vn bonheur preſent.

Ce Roy juſte & pieux, qui pour ſa recompenſe
Fut apres mille veux l'auteur de ta naiſſance,
Découure aueque Moy ces triomphes diuers,
Qui doiuent éclatter aux yeux de l'Vniuers.
Il voit que les Tyrans priuez du diadème,
Suiuront le char pompeux de ta Valeur ſuprème,
Et par l'effort vengeur de tes puiſſantes mains
Perdront la liberté qu'ils oſtent aux humains.

E

Il voit de tes Neueux la glorieuse suite
Toûjours à ton exemple imiter ma conduite,
Et viuant sur le trosne ainsi que j'ay vescu
Rendre le Monde heureux apres l'auoir vaincu.

   Dans l'agreable espoir de ces diuers miracles
Qu'annoncent maintenant les celestes Oracles,
Soustiens la dignité de ton auguste sort,
Rens tes actes vainqueurs du Temps & de la Mort;
Sois toûjours le riual des Amans de la Gloire,
Obserue tous les Roys qui regnent dans l'Histoire,
Ne connoy leurs vertus que pour les imiter,
Ne connoy leurs defauts que pour les éuiter,
Et quand ton sage Esprit voit de honteuses marques
Dans les regnes fameux des plus nobles Monarques
Pense que l'Auenir monstre la Verité,
Et crains les jugemens de la Posterité.

   Sans t'éblouïr du Nom des Cezars, des Augustes,
Sépare entre leurs faits les justes des injustes,
Ne suy point en aueugle & leurs pas & leurs voix,
Blasme aujourdhuy les maux qu'ils firent autrefois,
Resiste à ces torrens dont furent entraisnées
De leurs sombres esprits les fureurs déchaisnées,
Aux despens de leur gloire apprens à Te domter,
Et surmonte l'Erreur qu'ils deuoient surmonter.

Fuy tous ces vains transports dont ne pût se defendre
Le Cœur victorieux du vaillant Alexandre,
Qui soüilla trop souuent ses exploits genereux,
Qui se rendit ensemble heureux & malheureux,
Et se laissant corrompre à son destin propice
Fut le maistre du Monde & l'esclaue du Vice.

C'est ainsi que l'Enuie, à qui tout est sousmis,
Et qui hait les mortels comme autant d'ennemis,
Loin d'exposer ta vie à son esprit farouche,
Fermera sur Toy seul & ses yeux & sa bouche.
Alors ton Nom exempt des ombres du tombeau
Aux plus sages humains seruira de flambeau,
Et la viue splendeur de ta gloire infinie
De nulle obscurité ne se verra ternie.
Alors par le pouuoir de tes actes diuers,
Et dans tout l'auenir & dans tout l'Vniuers,
Tu seras, ô mon Fils, soit en paix, soit en guerre,
Le Fauori du Ciel, & l'appuy de la Terre,
La source des Vertus, & la regle des Loix,
Le bonheur des sujets, & l'exemple des Roys.

Si tu veux meriter ces brillans auantages
Qui de ton grand destin sont les heureux partages,
Monstre en tes actions, declare en tes propos
Que pour estre Monarque il faut estre Heros ;

Accomplis tes deuoirs d'vne ardeur diligente,
Applique aux nobles soins ton ame intelligente;
Condamne ces humains dont les foibles esprits
Renoncent aux trauaux par crainte ou par mespris;
Et parmi tes emplois egalement surmonte
Le Plaisir, & la Peine, & l'Orgueil, & la Honte.

Ie Te vois reuestu de cent dons eclatans;
Ie vois de tes beaux jours le fertile printemps,
Qui riche des thresors dont le Ciel Te couronne
Produit auec ses fleurs tous les fruits de l'automne,
Et reünit en Toy par d'illustres accords
La force de l'esprit & la force du corps.

Fournis donc ta carriere, & comme vn autre Alcide
Marche vers le haut mont où la Gloire Te guide,
Monte, auance toûjours, sans paroistre abbatu,
Et gaigne le sommet qu'habite la Vertu.

Pour estre le soustien de ta propre puissance
Prens de ton vaste Estat l'entiere connoissance,
De tes diuers sujets voy les diuers emplois,
Voy quels sont tes Thresors, tes Citez, & tes Loix;
Imite le Soleil, dont les rayons sublimes
Chassent l'obscurité si fauorable aux crimes,
Dissipent le cahos que l'ombre auoit produit,
Et purgent l'Vniuers des monstres de la nuit.

Tous

Tous ces deuoirs cachez, importans, & penibles
Dans leurs commencemens paroiſſent impoſſibles,
Mais ſi pour les apprendre auec facilité,
Tu joins la diligence à la docilité,
Parmy les ſoins diuers que Toy-meſme t'impoſes
Les épines bientoſt ſe changeront en roſes,
Mille ſuccès heureux riront à tes deſirs,
Et meſme tes trauaux deuiendront tes plaiſirs.

Cependant adoucis tous ces labeurs extrèmes
Qu'entraiſne aueque ſoy l'honneur des diadèmes;
Quitte par fois ta charge à l'exemple d'Atlas,
Et va ſuiure Diane en faueur de Pallas.
I'aime à voir que ton cœur noblement ſe delaſſe
Dans les charmans plaiſirs que fait naiſtre la Chaſſe;
Tous ces hardis crayons des belliqueux hazars
Soulagent les regrets de Bellone & de Mars,
Qui ſous l'ombrage épais des arbres venerables,
Que les ardens Soleils trouuent impenetrables,
Voyant armer ta Cour & d'épieux & de traits
Pour declarer la guerre aux hoſtes des Foreſts,
Propoſent à leurs yeux triſtement ſolitaires
Ces tableaux animez des exploits militaires,
Et peuuent donner treue à leurs deſirs preſſans,
Par vn nombre infini de meurtres innocens.

F

Pendant qu'à ces plaiſirs ſans excès Tu t'apliques,
Exerce meſme alors tes vertus heroïques,
Et par ton ſage exemple éloigne tous ces Ieux,
Qui de cent paſſions entretiennent les feux,
Ces prodigues enfans de l'aueugle Auarice,
Peres de l'Indigence, auteurs de l'Injuſtice,
Eſclaues du Hazard, tyrans de mille cœurs,
Qui de tous leurs deſſeins deuiennent les vainqueurs,
Leur inſpirent ſans ceſſe vne ardeur importune,
Les rendent artiſans de leur propre infortune,
Et pour mettre le comble à leur triſte douleur
Ioignent la peine au crime & la honte au malheur.

Entretiens ton eſprit d'vne ſage lecture,
Et par les mains de l'Art cultiue la Nature ;
Paſſe ton doux loiſir en d'vtiles propos,
Et dans le repos meſme éuite le repos.
Songe que le Sauoir peut honorer les Princes,
Et diſpoſer leur ame au ſoin de leurs Prouinces ;
Meſpriſe juſtement les injuſtes meſpris,
Que l'Eſtude reçoit des prophanes eſprits,
Qui dans l'aueuglement que leur erreur conſerue
Voudroient defendre aux Roys les plaiſirs de Minerue,
Et priuant leur raiſon de ſes plus beaux objets
Les rendroient moins heureux que leurs propres Sujets.

L'Esprit seul, ô mon Fils, nous fait ce que nous sommes,
Par luy les Roys sont Roys, & les hommes sont hommes,
Et cet Esprit celeste aydé par le Sauoir
Augmente sa beauté, releue son pouuoir,
Ioint à ses premiers feux des lumieres nouuelles,
Et les secours acquis aux forces naturelles.
De cet honneur solide orne ta Dignité;
Et pour connoistre tout connoy l'Antiquité;
Sa noble Politique & sa juste Morale
Descouuriront bientost à ton ame royale
l'Art de domter les Sens, de moderer les Cœurs,
De regir les Estats, & de regler les Mœurs.
Puize profondement dans ces sources publiques,
Sache ce que Tu sais & ce que Tu pratiques,
Pour bannir à jamais de ton esprit content
Et l'Erreur temeraire & le Doute inconstant.
Conserue la beauté de ta Langue embellie,
Qui maintenant fait honte à la docte Italie,
Et dont toute la Terre au mespris de ses Sœurs
Admire les appas, & cherit les douceurs.
Puisqu'aujourd'huy la France en miracles fertile
A bien plus d'vn Horace & bien plus d'vn Virgile,
Dont l'esprit éclatant par tes Faits animé
Charmera nos Neueux apres T'auoir charmé,

Fay qu'ils trouuent en Toy sous vn Regne si juste
La bonté de Mecene, & la faueur d'Auguste,
Et que de leurs concerts les Peuples resioüis
N'entendent celebrer que le Nom de LOVIS.
Connoy les diuers Lieux, connoy les diuers Ages;
Ecoute les Sauans, & consulte les Sages;
Et jugeant des trauaux solides & polis
Ioins l'empire des Arts à l'empire des Lis.

   Tu peux entre ces Arts aimer l'Architecture,
Qui par des bastimens d'eternelle structure
D'vn Monarque puissant monstre l'autorité,
Et le rend venerable à la Posterité.
Apres que ma Valeur eut enrichi l'Histoire,
Par ce nouueau chemin ie marchay vers la Gloire.
Le Dessein nompareil du Louure commencé
Fut si diligemment par mes soins auancé,
Que d'vn trauail pompeux la merueille soudaine
Estonna les regards des Nymphes de la Seine.
Entreprens d'acheuer par vn auguste choix
L'Oeuure de tant de Iours, l'Oeuure de tant de Roys,
Ce Palais renommé sur la terre & sur l'onde,
Ornement de Paris de la France & du Monde,
Qui descouure à nos yeux cent miracles diuers,
Dont l'Art & la Nature enchantent l'Vniuers.

Quoy

Quoy que ma passion pour Toy seul enflammée
T'exhorte maintenant d'aimer la Renommée,
Modere tes desirs dans ta prosperité,
Ne confons point la Gloire auec la Vanité,
Parmi tant de rayons dont l'eclat t'enuironne
Voy sans estre ébloüy ton Sceptre & ta Couronne,
Garde vn esprit fidelle au culte des Autels,
Et pense tous les jours que les Roys sont mortels.

Ie t'auoüe, ô mon Fils, que mon ame souspire
Quand ie vois l'Heresie au sein de ton empire,
Cette Fille d'Orgueil, dont mes jeunes fureurs
Suiuirent trop longtemps les fatales erreurs.
Elle est dans son malheur tristement obstinée,
Plains son aueuglement, pleure sa destinée,
Tasche que ces François qu'elle tient abusez
De tes autres Sujets ne soient plus diuisez;
Qu'ils reconnoissent tous par leur obeïssance
L'Eglise pour leur Mere aussi bien que la France,
Et qu'au parfait bonheur leur esprit excité
Cesse de s'opposer à leur felicité.

Suy les nobles transports du plus saint de nos Peres,
Et soumets sans reserue à des rigueurs seueres
Tant de Blasphemateurs, dont le nombre odieux
Se ligue auec l'Enfer pour combattre les Cieux.

La noire impieté de leur bouche parjure
Fait gemir la Vertu, fait rougir la Nature,
De la Bonté diuine écarte les secours,
Et va ressusciter ces effroyables Iours,
Où du Ciel courroucé la fureur desbordée
Ne fit qu'vn Ocean de la Terre inondée,
Et porta par les eaux dans les feux eternels
Tous les crimes du Monde & tous les criminels.

Condamne par tes Loix, confons par tes exemples
Ceux dont l'orgueil s'oppose à la gloire des Temples;
Demande au Roy des Roys son inuincible appuy,
Croy que dans ton pouuoir Tu releues de Luy,
Rens à son Nom auguste vn legitime hommage
Comme son Lieutenant, & comme son Image,
Et puisque tes grandeurs ne sont que ses bienfais,
Offre luy tes Desirs, tes Discours & tes Fais.

Quand les Princes ingrats aux faueurs de leur Maistre,
Oubliant ce qu'ils sont, & ce qu'ils doiuent estre,
Portent leurs attentats jusques à desdaigner
Celuy qui les fait viure & qui les fait regner,
Ils éprouuent bientost par des tourmens extrèmes
Que tous ses ennemis sont ennemis d'eux-mesmes.
Mille soins importuns, mille ennuys rigoureux
Au milieu du bonheur les rendent malheureux;

Loin de guerir leur mal le temps mefme l'augmente,
Le prefent leur defplaift , l'auenir les tourmente ,
Iamais l'efpoir flatteur ne les peut fecourir,
Et defgouftez de viure ils ont peur de mourir.

Ton Ame bien contraire à ces indignes Ames
N'allume fon ardeur que par de faintes flammes ;
Tu fais de quelle main ton Front eft couronné,
Tu redonnes au Ciel tout ce qu'il t'a donné ;
Tu joüis juftement de l'eftime publique,
Et ton Hiftoire mefme eft ton Panegyrique.
Ha ie vois fans regret qu'il Te faudra ceder ,
Mon Fils Tu me vas fuiure & me vas preceder ;
Tu terniras le luftre ou feint ou veritable
Des Heros de l'Hiftoire & des Dieux de la Fable.

Tes illuftres Deffeins me comblent de plaifir ,
Et rendent mon efpoir égal à mon defir.
Prophetique tefmoin des progrès de ta Vie
I'annonce à l'Vniuers que la France rauie
Doit couronner ton Sort d'vn fupreme bonheur,
Confacrer ton Merite au temple de l'Honneur,
Te cherir dans la paix , Te fuiure dans la guerre,
T'aquerir le grand Nom d'Arbitre de la Terre,
Et voir enfin ceder à tes nobles efforts
La Vertu des Viuans, & la Gloire des Morts.

CASSAGNES.